# APPEL

# A la France,

## EN FAVEUR

## DES PRISONNIERS DE HAM.

### PAR M. COTTU,

CONSEILLER DÉPUTÉ DÉMISSIONNAIRE A LA COUR ROYALE DE PARIS.

*Ignoscenda quidem, scirent si ignoscere....!*

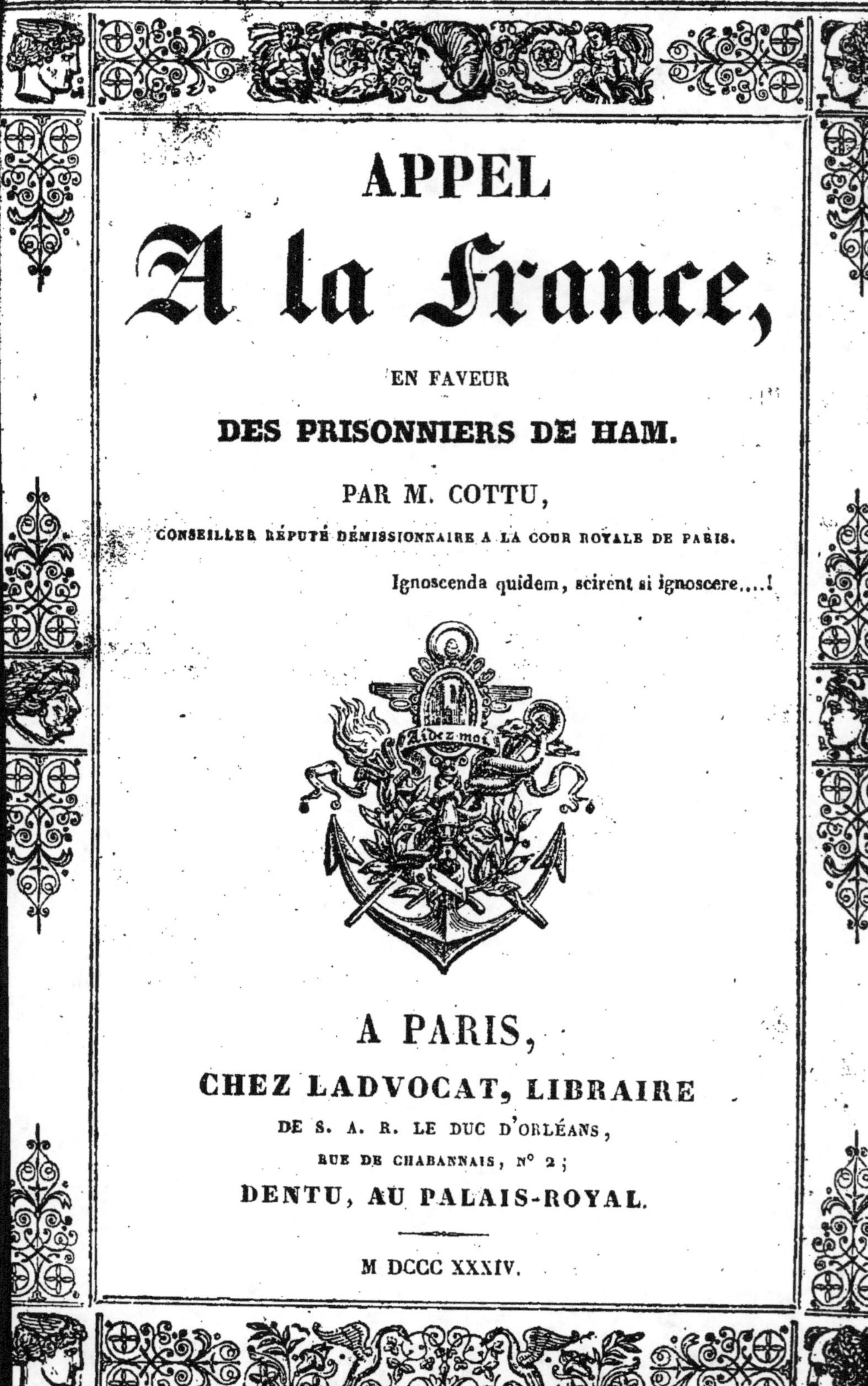



# A PARIS,

## CHEZ LADVOCAT, LIBRAIRE

DE S. A. R. LE DUC D'ORLÉANS,

RUE DE CHABANNAIS, N° 2;

## DENTU, AU PALAIS-ROYAL.

M DCCC XXXIV.

# APPEL

## A LA FRANCE

### EN FAVEUR

## DES PRISONNIERS

### DE HAM.

PARIS. — IMPRIMERIE DE CASIMIR,
RUE DE LA VIEILLE-MONNAIE, N° 12.

# APPEL

# A LA FRANCE

## EN FAVEUR

## DES PRISONNIERS

## DE HAM;

**PAR M. COTTU,**

CONSEILLER RÉPUTÉ DÉMISSIONNAIRE A LA COUR ROYALE DE PARIS.

*Ignoscenda quidem, scirent si ignoscere!....*

## A PARIS,

**CHEZ LADVOCAT, LIBRAIRE**

DE S. A. R. LE DUC D'ORLÉANS,

RUE DE CHABANNAIS, Nº 2.

M DCCC XXXIV.

# AVERTISSEMENT.

———

Une honorable amitié a bien voulu nous charger de la publication de cette brochure. C'est nous servir selon notre cœur, nous qui, parmi les clients de l'éloquent écrivain, comptons des protecteurs et des amis; nous, dans les mauvais jours, resté fidèle aux souvenirs des temps meilleurs, et qui nous estimerions heureux de payer de quelque dévouement un généreux patronage. Dépositaire du manuscrit, nous avons dû lui chercher un éditeur. Un homme se trouvait près de nous, qui, le premier, dans ses *dix heures* au château fort, nous mit dans la confidence des souffrances courageuses et des douleurs résignées de Ham, et dont le nom s'est noblement attaché à toutes les gloires et à toutes les infortunes de l'époque. Cet homme, c'est M. Ladvocat, qui, toujours prêt pour tout ce qui est bien, a su ne voir qu'une question d'humanité là où un étroit esprit de parti se fût obstiné à chercher une question politique. M. Ladvocat s'est empressé de nous offrir son obligeant appui, et c'est sous ses auspices que l'*Appel à la France* paraît aujourd'hui. Lié lui-même de relations littéraires avec l'un des illustres captifs, il se félicite d'associer à une bonne œuvre sa popularité et son industrie. Nous l'en remercions sincèrement, et pour petite que soit la part qu'on a bien voulu nous y donner, nous sommes reconnaissant et fier d'y avoir contribué. Il n'y a qu'honneur et profit à bien faire en si bonne compagnie.

Paris, ce 3 novembre 1834.

F.-C. DE DAMERY.

# APPEL
# A LA FRANCE

EN FAVEUR

## DES PRISONNIERS

### DE HAM.

Ignoscenda quidem, scirent si ignoscere!....

La révolution de juillet a excité l'admiration générale de l'Europe, par le caractère de modération qui l'a distinguée de toutes les autres commotions politiques.

Jamais peuple ne s'était rencontré qui, dans l'ivresse de la victoire, dans la connaissance acquise de sa force, et sur les cadavres encore palpitants de ses frères, eût su s'arrêter à la juste limite du droit qu'il croyait avoir de résister à l'oppression, sans jamais perdre de vue le respect des personnes et des propriétés. A la suite des grands mouvements populaires, on ne voit en tous lieux que pillage, proscriptions, massacres ; et ce déplorable spectacle, nous l'avions offert nous-mêmes dans le cours de notre première révolution. Il nous était réservé de faire, de ces excès, une réparation sublime, et d'en effacer les traces par le plus grand acte de magnanimité qui ait jamais illustré les annales d'une nation.

Honneur donc à la brave population

de Paris! honneur aux provinces qui se sont empressées à l'envi d'imiter son noble exemple! Elles ont imprimé au nom français une gloire plus brillante et plus rare encore que celle que donne la victoire. Le souvenir de leur modération se transmettra d'âge en âge, ouvrant pour tous les peuples une nouvelle ère politique; ère de tolérance et de générosité, à dater de laquelle tous les partis, réunis dans un même amour pour le bien public, ne seront plus divisés que sur les moyens de le réaliser.

Pourquoi faut-il que la France, après avoir proclamé la première cette belle et pieuse doctrine, après avoir abaissé devant la loi son bras déjà levé sur les infortunés ministres de Charles X, ait mis ensuite dans la balance de la justice le poids de sa colère, et en ait exigé une condamnation !

C'est une grande chose que la justice. Devant elles, toutes les passions doivent se taire, les temps présents s'effacer; et l'époque du crime doit s'offrir seule à l'esprit du juge. Ce sont les lois, les devoirs, les intentions de cette époque, qu'il lui est expressément ordonné de consulter, parce que ce sont uniquement ces lois, ces devoirs et ces intentions qui constituent l'innocence ou la culpabilité de l'accusé. Tout le reste est l'ouvrage du destin et la triste conséquence des passions des hommes.

Appliquons ces principes aux ministres de Charles X.

Ils ont été accusés par le peuple d'avoir violé la Charte, et appelé l'armée à l'appui de leur trahison.

Nous avons donc à examiner quelle était leur position, et quelles obligations leur étaient imposées, au moment où ils ont signé les ordonnances dont on leur fait un crime, et qui ont soulevé contre eux de si profondes haines.

Quelque loin que nous soyons déjà de la Charte de Louis XVIII, il faut cependant nous la rappeler, et nous rappeler aussi dans quel esprit elle avait été conçue.

La Charte de Louis XVIII n'était pas, comme celle de 1830, le résultat de la volonté présumée de la nation; elle était l'œuvre personnelle du prince qui l'avait établie, et qui, *en l'octroyant* à la

France, avait hautement proclamé tenir de sa naissance *le droit* de régler lui-même les formes de son gouvernement. Elle ne pouvait donc être changée ni modifiée que du consentement du roi. C'était là son principe, sa base, son essence; la condition absolue sous laquelle elle avait été concédée.

Qu'une pareille prétention de la royauté dût irriter toutes les âmes généreuses et blesser profondément l'orgueil de la nation, c'est un point que nous n'avons pas à examiner. Le seul qu'il importe d'établir, c'est que cette prétention n'était pas, de la part de la royauté, une prétention cachée; qu'elle avait été annoncée, au contraire, en termes solennels, et que de plus elle avait reçu la sanction des Chambres, qui avaient établi une peine contre ceux

qui contesteraient *le droit en vertu du-*
*quel le roi avait donné la Charte* [1].

Si donc il était reconnu par la nation, représentée par les deux Chambres, que le roi avait *eu le droit* de
donner la Charte, toutes les dispositions de cette Charte devenaient obli-
gatoires pour les Français, et se ré-
volter contre l'une ou l'autre de ces
dispositions, constituait un crime de
haute trahison qu'il était du devoir des
ministres de réprimer de toute leur
puissance.

Or, quel est l'homme de bonne foi
qui oserait contester aujourd'hui qu'à
l'époque de 1830, la Charte était me-
nacée dans ses plus importantes dispo-

[1] Loi du 25 mars 1822.

sitions? Dans l'ivresse de la victoire, tous les hommes de juillet n'ont-ils pas hautement proclamé et leurs manœuvres hypocrites, et le but criminel qu'ils se proposaient? Tous n'ont-ils pas dit, publié, affiché, les uns qu'ils voulaient la république, les autres qu'ils voulaient une royauté populaire entourée d'institutions républicaines, c'est-à-dire une royauté *autre* que la royauté de Louis XVIII, que la royauté octroyant la Charte, que la royauté appuyée sur une Chambre des pairs héréditaire, que la royauté investie des droits de l'article 14, que la royauté possédant exclusivement le droit de l'initiative des lois?

Écoutez-les dévoiler à l'envi toutes leurs trahisons.

« Toutes les discussions de la presse

« sous  la restauration, dit *le National,*
« *allaient à renverser la royauté légi-*
« *time,* pour n'être pas renversée  par
« elle ; à élever contre elle de formida-
« bles institutions *inacceptables, non-*
« *seulement à la légitimité, mais à*
« *toute royauté.* »

« Vous  mentez,  dit de son côté *la*
« *Tribune* à MM. Dupin et Barthe,
« vous mentez lorsque vous prétendez
« que sous Charles X l'opposition dans
« les Chambres et hors des Chambres
« respectait le roi et *voulait la Charte.*
« Il y avait, sous la restauration, une
« opposition hostile, *hostile à mort.*
« Elle avait à la Chambre la supériorité
« des talents, elle primait au barreau,
« elle débordait dans la presse. Ce sont
« là des faits notoires et avérés. »

Si telle était l'opinion des hommes

qui tenaient alors le sceptre de l'opinion, et si, d'après la manière dont
avait été conçue la loi des élections,
telle était et devait être aussi l'opinion
générale des colléges électoraux, n'é-
tait-il pas évident que, dans un temps
très-court, et que les efforts de la presse
rapprochaient chaque jour davantage,
les choix des électeurs, toujours plus en
opposition avec la Charte, finiraient nécessairement par la renverser, et la légitimité avec elle?

Qu'avaient donc à faire les ministres ?

Adoucir, dira-t-on, l'animosité des
électeurs, et les rattacher à la royauté
par des concessions conformes à leurs
vœux et à leurs besoins.

Eh quoi! l'expérience ne nous a-t-elle
point appris qu'il ne pouvait pas y avoir

de monarchie représentative là où il n'y avait pas accord *permanent*, et par conséquent *intérêt commun* entre la royauté et les colléges électoraux ?

Et cet accord pouvait-il exister entre la royauté de la Charte et les colléges électoraux, lorsque, par l'effet d'une légèreté sans exemple, et, s'il m'est permis de le dire, de l'ignorance la plus grossière des plus simples ressorts de la monarchie représentative, en présence d'une Charte qui avait créé des titres et des priviléges héréditaires, la loi de 1817 avait placé le pouvoir électoral dans une classe de citoyens entièrement étrangère et nécessairement hostile à ces priviléges, et hostile aussi à la royauté, qui, les ayant établis, devait être considérée par eux comme intéressée à les maintenir ?

Pour se mettre en paix avec les colléges électoraux, il aurait donc fallu, non-seulement supprimer l'hérédité de la pairie, arborer le drapeau tricolore et reconnaître le principe de la souveraineté du peuple, mais encore, comme n'hésite pas à l'avouer *le National,* abandonner les prérogatives les plus essentielles de la royauté : *le veto absolu ; le droit obscur et menaçant de faire des ordonnances pour l'exécution des lois ; le droit de dissolution et de convocation des Chambres ; le droit non contesté de désigner les représentants de la France à l'étranger...* tous les droits enfin dont se compose le pouvoir royal.

Force était donc aux ministres de s'arracher, par une mesure rigoureuse, au joug intolérable de la classe moyenne, et de placer ailleurs le pouvoir électoral.

Ce moyen n'a pas réussi; qu'en con-
clure? sera-ce qu'il ne devait pas être
tenté? A ce compte, il n'y aurait jamais
rien de juste ni de raisonnable que ce
qui aurait été sanctionné par le succès.
Concluons-en seulement qu'il existait
dans la nation des préjugés tenaces
et des résistances invincibles, contre
lesquels toute la sagesse humaine devait
échouer.

Si, après les journées de juillet, la
nation se fût bornée à obtenir un simple
changement de ministère et la révoca-
tion des ordonnances, qu'ensuite on fût
rentré dans l'ordre établi par la Charte
sans y faire aucun changement, alors
on concevrait que les accusateurs des
ministres eussent pu leur dire avec quelque apparence de raison : Nous n'avons
jamais voulu que la Charte ; l'événe-

ment vous prouve aujourd'hui la sincérité de nos anciennes protestations ;
vous nous avez peints au roi , vous lui
aviez peint les électeurs comme les ennemis de sa race, de ses prérogatives et des institutions fondées par
Louis XVIII; vous avez trompé votre
prince , vous avez insulté les électeurs ,
vous avez trahi la nation : vous devez
porter la peine de votre félonie.

Mais loin de là , la nation a pris soin
elle-même de justifier la mesure extra-
ordinaire adoptée par les ministres. A
peine maîtresse du gouvernement, elle
a renversé la Charte , du moins dans
ses principales dispositions. Non-seulement elle a forcé le roi et le dauphin
d'abdiquer la couronne, mais elle a
changé l'ordre de la succession au trône.
Elle a privé la royauté de ses préroga-

tives les plus essentielles ; elle lui a enlevé l'initiative des lois, la nomination des officiers de la garde nationale, celle du président de la Chambre des Députés et des présidents des colléges électoraux. Elle a supprimé l'hérédité de la pairie, fixé des conditions à la nomination des pairs, défendu qu'aucune entrave pût jamais être mise à la liberté de la presse, et privé la religion catholique de sa prééminence. Elle a aboli le double vote, changé l'âge et le cens des électeurs; enfin, sous la forme de la royauté, elle a constitué un gouvernement qui devrait être la république si, par bonheur pour la France, ce gouvernement n'avait trouvé le moyen d'amortir peu à peu toutes les institutions élevées pour sa ruine.

Ce que la nation a fait après la victoire, elle aspirait évidemment à le faire avant le combat ; et la Chambre des Députés, en proclamant le principe de la souveraineté du peuple et prenant l'égalité pour base de sa nouvelle Charte, n'a fait que donner un corps aux sentiments des électeurs, sentiments qu'ils n'avaient déjà que trop clairement manifestés par la réélection des 221.

J'aime *le National* pour la franchise de ses aveux. Écoutons-le exposer lui-même les conséquences que l'on devait déduire de l'adresse des 221.

« L'adresse des 221, dit-il ( 20 août « 1833 ), avait été lancée *contre les* « *Bourbons de la branche aînée*. Cette « adresse les sommait de se résigner *à* « *trôner sans gouverner;* à recevoir les « ministres de la majorité de la Cham-

« bre élective; à *n'être plus rien* dans
« le gouvernement du pays que ce que
« Napoléon avait énergiquement appelé
« *des cochons à l'engrais.* C'était là la
« monarchie constitutionnelle des 221,
« monarchie *qui ne pouvait avoir de sens*
« *commun* qu'à la condition de n'être con-
« sidérée par ceux qui en firent la théorie,
« que comme *une transition au gouver-*
« *nement représentatif sans roi.* »

Ainsi, et de l'aveu *du National,* à
moins de supposer que la Chambre des
221 *n'avait pas le sens commun,* les
ministres étaient autorisés à croire
qu'elle voulait établir une manière de
monarchie qui ne fût qu'une transition
à la république. Ce plan, *tout innocent,*
pouvait être parfait pour les révolutionnaires ; mais on avouera, j'espère,
qu'il y eût eu trahison ou lâcheté de la

part des ministres à prêter la main à son exécution.

On excuse dans les hommes de juillet leur félonie envers la Charte ; on leur en fait même une gloire, en considération du désir qu'ils avaient de conquérir à la France un meilleur mode de gouvernement. Pourquoi n'applaudirait-on pas aussi les ministres d'avoir défendu la Charte de 1814, lorsque nonseulement comme ministres c'était leur devoir de le faire, mais lorsque encore comme citoyens il leur était permis de trouver ce mode de gouvernement infiniment supérieur à celui qu'on voulait lui substituer ?

Si les améliorations politiques ne peuvent être établies chez aucun peuple que par des actes extra-légaux ; si

tout citoyen est alors délié de ses serments et de ses affections; s'il n'a plus à
prendre conseil que de son patriotisme,
les citoyens qui, en vue d'un meilleur
avenir, ont renversé le trône de Charles X, auront droit, si l'on veut, à des
couronnes civiques; mais les ministres de Charles X, pour n'avoir pas
partagé les mêmes illusions, et pour
avoir considéré les libertés publiques
comme suffisamment protégées par la
Charte, n'en auront pas moins aussi
accompli leurs devoirs de citoyens en
la défendant contre les novateurs. Peuple, soldats, ministres, quoique engagés
sous des drapeaux différents, auront
également bien mérité de la France ;
tous auront déployé le même courage et
le même dévouement; tous auront droit
à la même estime. Il y aura eu des
vaincus; il n'y aura pas eu de coupables.

Mais, dira-t-on, la nation est la nation. Il lui appartient toujours de chan-
ger la forme de son gouvernement, et
c'est un crime de résister à sa volonté.
En présence d'une pareille doctrine,
que reste-t-il de certain dans le monde?
Citoyen, propriétaire, père de famille,
qui peut désormais compter sur aucun
des biens qu'il possède? N'est-ce pas
faire rétrograder l'espèce humaine jusqu'à cette vie *au jour le jour* qui fait le
caractère distinctif de la barbarie?

D'ailleurs, où trouver la nation? A
quel signe peut-on reconnaître sa voix?
Suffira-t-il qu'une bande de furieux
vienne demander à grands cris le ren-
versement de tout ce qui existe, pour
qu'il faille absolument voir en eux la
nation? et toujours, au contraire, devra-
t-on voir des ennemis du peuple dans

l'armée, dans la magistrature et dans tous ceux d'entre les citoyens qui accourront à la défense des lois? Que l'on soutienne qu'en cas de dissentiment sur la forme ou sur la marche du gouvernement, il est permis aux partis opposés de faire appel à la force, ce sera déjà pour un peuple une assez triste prérogative; mais comment la victoire pourrait-elle ensuite rétroagir sur le droit qu'avaient, avant le combat, et vainqueur et vaincu, de soutenir leur opinion par les armes?

Ainsi, par la seule audace de la Révolution et par le seul droit de légitime défense, la couronne était autorisée à repousser par la force, la force qui s'avançait contre elle. A combien plus forte raison les actes dont on l'accuse étaient-ils donc irréprochables, lorsqu'ils se trouvaient exactement conformes à la règle que la Charte avait elle-même tracée pour le cas où la royauté serait mise en danger!

L'art. 14 de la Charte de Louis XVIII a été déjà l'objet d'un si grand nombre de commentaires, qu'il est inutile de le soumettre à un nouvel examen.

En deux mots, que disait-il?

Ce qui est écrit dans toutes les Chartes, et qui y est écrit par le bon sens, lorsque le législateur a omis de l'y insérer en termes exprès.

Il disait : 1° que la Charte devait être revisée si l'expérience révélait en elle quelque vice essentiel ;

Et 2° qu'elle devait être, dans ce cas, revisée *par le roi*, d'après le même mode que Louis XVIII avait suivi pour sa rédaction.

C'est ce qui était exprimé par ces mots : *Le roi fait les réglements et or- donnances nécessaires pour l'exécu- tion des lois et pour la sûreté de l'État.*

Et en effet, il suffit de se reporter au temps où la Charte a été publiée, pour se convaincre que tel était le véritable sens qui devait être donné à cet article.

Rappelé par un peuple fatigué de guerres et de révolutions, Louis XVIII rentrait en France par la seule force de son droit, et libre de régler lui-même les formes de son gouvernement, sui- vant sa pensée, qui fut l'âme de la Charte.

Quel premier intérêt dut-il chercher

à affermir? Évidemment, celui de la royauté; non-seulement parce que la couronne appartenait à sa famille, mais encore parce qu'il devait considérer la monarchie comme la forme de gouvernement la plus propre à assurer le repos et la grandeur de la France; et jamais on ne supposera avec bonne foi qu'il ait admis une hypothèse où la royauté pourrait être sacrifiée aux droits de la nation.

On a prétendu, je le sais, que les droits de la nation existaient avant la Charte; et que le peuple était tellement décidé à les faire valoir, qu'il eût été impossible à Louis XVIII de ne pas les reconnaître d'une manière formelle; qu'en conséquence, la Charte n'était pas une *concession*; qu'elle était au contraire une *transaction* dont les conséquences, quelles qu'elles fussent, appartenaient au peuple aussi bien qu'à la royauté, et ne pouvaient plus être désormais arrêtées ou contrariées dans leur cours.

Mais, en admettant cette doctrine, et en supposant que la nation, par son attitude menaçante, ait en effet imposé à Louis XVIII toutes les diverses dispositions de la Charte, toujours est-il que Louis XVIII ne se sera soumis à ces dispositions que dans le cercle des conséquences qu'il pouvait réellement s'attendre à en voir sortir, et l'on ne prétendra pas sans doute qu'il ait dû mettre au nombre de ces conséquences l'expulsion de sa race.

Il suit de là que, dans la pensée de Louis XVIII, la royauté étant la base fondamentale de la Charte, toutes les

dispositions de la Charte étaient subor-
données à la stabilité du trône, et que
l'article 14 n'y a été inséré que pour
le défendre dans le cas d'un imminent
danger.

Cette vérité, qui ressort si évidemment de toutes les circonstances que je
viens de rappeler, est encore une de
celles qui ont été le plus loyalement
reconnues *par le National*.

« La Charte octroyée sans l'article 14,
« dit-il [1], eût été *une absurdité*. Le fon-
« dateur de la Charte *avait dit* et *dû*
« *dire* : Je veux faire une concession,
« mais non telle que cette concession
« puisse me détruire moi et les miens ;
« en conséquence, si l'expérience m'ap-
« prend que j'ai trop accordé, je me

[1] 20 juin 1831.

« réserve la faculté *de reviser ma con-*
« *stitution, et c'est là ce que j'exprime*
« *par l'article 14.* »

« Le droit de révision, dit-il encore [1],
« est la garantie générale de toute con-
« stitution octroyée ou délibérée. *Ce*
« *droit était consigné dans la Charte*
« *de 1814, au profit de la royauté,* qui
« s'était établie non-seulement comme
« pouvoir constituant, mais comme
« poŭvoir souverain. *L'article 14 don-*
« *nait à la royauté légitime la faculté*
« *de reviser par ordonnance toutes les*
« *institutions, toutes les lois qui pou-*
« *vaient être jugées incompatibles avec*
« *la légitimité.* »

Dois-je ajouter à ces aveux, d'une si

[1] Octobre 1832.

étonnante naïveté, l'opinion même de la révolution de juillet? Qui peut se refuser à la lire dans le soin qu'a pris la Chambre des Députés de supprimer l'article 14 dans la nouvelle rédaction de la Charte?

Supposons que l'art. 14 n'eût pas été inséré dans la Charte de Louis XVIII, et qu'en l'absence de toute disposition législative pour les cas extraordinaires, la royauté, mettant en action sa devise, *Dieu et mon droit,* en eût agi envers les 221 comme Bonaparte le fit le 3 nivôse envers les Jacobins ; croit-on que la Chambre de 1830 eût jugé nécessaire, après la victoire, d'insérer un article dans sa nouvelle Charte, pour défendre aux ministres de déporter à l'avenir aucun citoyen? Non sans doute ; et pourquoi ? C'est qu'aucune disposition de l'ancienne Charte n'aurait légitimé l'attentat des ministres. Si donc, après les journées de juillet, la Chambre des Députés a cru devoir supprimer l'art. 14 de la Charte de Louis XVIII, c'est que sa conscience lui disait que cet article, conçu pour le cas d'un imminent danger, répondait au fameux *Caveant consules* du sénat romain.

Qu'on dise encore que Charles X a violé la Charte!

Quels efforts n'a-t-il pas tentés au contraire pour se maintenir dans le cercle d'une légalité incontestable! A combien de prières, à combien de supplications n'est-il pas descendu auprès des électeurs? Avec quelle douceur et quelle patience n'a-t-il pas attendu qu'ils revinssent à de meilleurs sentiments? Que de fois n'a-t-il pas interrogé leur repentir! Lui parjure! lui tyran! Le croyez-vous, vous-mêmes qui l'osez dire? Entouré d'ennemis acharnés à sa ruine, l'a-t-on vu étendre sur toute la France une sombre inquisition; pénétrer à main armée dans le domicile des citoyens; violer les secrets des familles et le sanctuaire de leurs plus intimes pensées? L'a-t-on vu sacrifier des villes entières à sa sûreté, donner à ses soldats *des ordres impitoyables*, élever de nouvelles bastilles; et, à la veille des élections, envelopper dans un vaste procès tous les hommes qui lui faisaient ombrage? Loin de là, Charles X s'est pour ainsi dire obstiné à croire à l'amour de son peuple; il l'a accablé de bonheur, de paix, d'abondance et de vraie liberté; il ne voulait vaincre ses préventions qu'à force de bienfaits.

Rappelons encore ce qu'en a dit
M. de Montbel. « A plus de vertus,
« s'écrie ce fidèle serviteur du meilleur
« des rois, on n'unit jamais plus de to-
« lérance ; jamais on ne poussa plus loin
« l'abnégation de soi-même et l'amour
« de son pays. Tous ses désirs, tous ses
« vœux, toute sa préoccupation, étaient
« pour la paix publique, pour l'hon-
« neur et la gloire de la France. La Pro-
« vidence accorda tous ses dons à son
« règne ; tous ses dons furent niés et
« méconnus aussi bien que les inten-
« tions du monarque ; et cependant
« combien elles étaient pures ! Comme
« elles se révélaient à ceux qui connu-
« rent ce prince, aujourd'hui si lâche-
« ment outragé !... Ah ! si le peuple le
« savait ! si comme nous il eût pu l'en-
« tendre ! si la calomnie n'eût élevé son
« odieuse barrière entre l'amour du

« monarque et celui de ses sujets ! »

Au reste, l'innocence des ministres n'est plus une question pour personne. Je dirai plus, elle est devenue *un lieu commun*, et c'est peut-être abuser de la patience du public que de lui en remettre les preuves sous les yeux. Ils étaient chargés par la Charte de veiller à la sûreté de l'état. Tout ce qu'ils ont fait, de quelque manière qu'ils l'aient fait (lorsqu'il est évident que la royauté était en danger), ils avaient incontestablement le droit de le faire : ils auront été, si l'on veut, des hommes d'état malhabiles, des conseillers imprudents, mais non des traîtres, non des assassins.

Aussi, que de déceptions n'a-t-il pas fallu forger, lorsqu'il s'est agi de concilier la haine dont ils étaient l'objet avec quelque apparence de légalité! Il a fallu investir de je ne sais quelle omnipotence judiciaire, une cour déjà elle-même mutilée et condamnée par la révolution de juillet, et lui donner le droit monstrueux, non-seulement *d'incriminer* des faits *non incriminés par la loi,* mais encore d'appliquer à ces faits des peines *étrangères au code pénal ;* de telle sorte *qu'au nom de la loi,* les ministres ont été mis *hors la loi,* et *qu'au nom de la liberté,* ils ont été privés du plus précieux *des droits de l'homme* [1], et livrés, au plus intolérable arbitraire qu'on puisse faire peser sur un accusé : celui du juge délibérant sous le poignard de l'accusateur.

---

[1] Nul ne peut être soumis qu'à des lois *antérieurement promulguées* et *légalement appliquées.* (Déclaration des droits de l'homme et du citoyen, du 11 juillet 1789.)

Qu'au milieu des passions violentes par lesquelles la nation était alors emportée, de pareils excès aient été commis ; l'excuse s'en trouve jusqu'à un certain point dans la fragilité humaine. Mais qu'aujourd'hui encore, lorsque les ressentiments sont calmés, lorsque la vérité s'est fait jour de toutes parts, ces excès n'inspirent qu'une froide indifférence, voilà ce qui confond et qui imprime sur notre front à tous, une tache indélébile. Eh quoi ! des hommes reconnus innocents par tous les partis, gémissent depuis quatre ans dans les fers, et la France ne se soulève pas tout entière contre sa propre iniquité ! que font donc tous ces hommes d'une civilisation si avancée ; ces républicains, ces saints-simoniens, ces progressifs *dont la nature est de souffrir du mal de leurs semblables ?* que font-ils, s'ils ne vont pas frapper aux portes de Ham et lui redemander sa proie? Serait-ce que personne en France n'aimerait la liberté, et que dans cette ancienne terre de l'honneur et du dévouement, il n'existerait plus que des hommes de parti et de calcul, criant bien haut contre la tyrannie quand elle foule aux pieds leurs amis, et lui applaudissant quand elle frappe leurs ennemis? Et nous parlons encore de garanties, de chambres, d'élections! Quelle pitié! Parlons de sabre et de bon plaisir.

A la vue de cette grande iniquité, que la tourbe des révolutionnaires se taise : c'est dans l'ordre; des royalistes qui souffrent sont pour eux un sujet de joie ; mais comment comprendre le silence des journaux indépendants? Eux, si loyaux dans leurs doctrines, si vrais dans leur amour pour la liberté, sous-criraient-ils aussi à cet arrêt barbare, dicté par un peuple en fureur à des juges tremblant pour leur propre vie; à cet arrêt non moins réprouvé par les lois que par l'équité?

Tant qu'on a pu conserver quelque illusion sur les projets du Gouvernement, et croire qu'ouvrant son cœur à la clémence, il briserait à la fois les fers de tous les condamnés politiques, il eût été peut-être imprudent de séparer la cause des ministres de celle de leurs compagnons d'infortune; mais aujourd'hui que tout espoir d'amnistie paraît anéanti, que dis-je! aujourd'hui qu'on ose dévoiler la pensée qu'une amnistie pourrait être prononcée sans y comprendre les ministres, le temps est venu de déclarer l'immense différence qui existe entre leur position et celle des autres détenus pour cause politique.

A Dieu ne plaise que je veuille affaiblir l'intérêt que l'on porte à ces nobles victimes de leurs convictions ! Hélas ! dans un cachot, dont chaque jour nous révèle les affreux mystères, sont enfermés nos amis les plus chers, les courageux confesseurs de nos propres opinions !

Mais, martyrs de leur foi, ils ont bravé les dieux du prince et de l'empire ; ils en ont dispersé les prêtres et brisé les autels, et se sont ainsi exposés à la vengeance de leurs aveugles adorateurs. Il n'en a pas été de même des ministres de Charles X. Remplis sans doute du même zèle, mais placés dans d'autres circonstances, ils n'ont rien

bravé, rien brisé ; ils n'ont fait que dé-
gager leur foi envers le prince qui l'a-
vait reçue.

- A bien dire, les ministres ne peuvent
donc être l'objet d'une amnistie, puisque, soit de la part du peuple révolté,
soit de la part du gouvernement sorti
des barricades, aucun reproche *légal*
ne peut leur être adressé; puisque le
crime à eux imputé n'était pas *un crime ;*
puisque la peine prononcée contre eux
n'était pas *une peine;* puisque enfin leur
condamnation n'était pas *une condamnation.*

On sait quel terrible rapprochement
pourrait encore être fait entre les ministres de Charles X, maudits et pros-
crits par le peuple pour avoir défendu
contre lui la Charte de 1814, et les ministres de Louis-Philippe, comblés d'hon-

neurs et de dignités pour avoir défendu, contre ce même peuple, la Charte de 1830, lorsque cette dernière Charte n'avait pas moins été *octroyée* que la première *par un pouvoir en dehors du peuple.* Mais à quoi bon me faire une arme de toutes ces contradictions? n'est-ce pas des peuples en général qu'il a été dit, en parlant des Juifs : *Ils ne savent ce qu'ils font?*

Enfin, la détention des ministres n'est plus aujourd'hui que *ridicule;* elle ne satisfait à aucun besoin réel ; elle ne répond à aucune passion. Chacun entre dans les nécessités de l'inextricable position qu'on leur avait faite. Tant d'autres nécessités se sont révélées depuis et ont été acceptées par la nation, qu'elle aurait mauvaise grâce à ne se montrer sévère que contre eux.

Cependant tout se tait autour des prisonniers de Ham, comme s'ils étaient déjà descendus dans la tombe, et que l'injustice dont ils ont été victimes fût devenue irréparable. Mais c'est en vain que l'on s'efforce de les plonger dans l'oubli ; l'indignation de leurs amis portera la lumière au fond de leurs cachots, et ils apparaîtront à la France toujours vivants pour la douleur. Ce sera à elle à voir si, en laissant subsister cette grande iniquité, elle veut s'en rendre complice une seconde fois.

La France a bien affaire, dira-t-on, de se tourmenter de quatre hommes, et de quatre hommes qui sont la cause de tous ses malheurs ! Mais si *quatre hommes* peuvent tomber impunément victimes de la fureur du parti vainqueur, pourquoi pas cent, pourquoi pas mille, pourquoi pas tous les hommes du parti vaincu? Marat et Robespierre n'ont pas raisonné autrement.

Quant à tous ces malheurs que l'on s'obstine à imputer aux ministres de Charles X, qui oserait affirmer qu'avec plus de prudence et de fermeté il aurait réussi à les conjurer? Que celui-là leur jette la première pierre.

En définitive, que voulaient les ministres?

Ils voulaient ce que veulent aujourd'hui tous les gens sensés :

Raffermir la légitimité;

Établir un système électoral en harmonie avec la royauté;

Interdire enfin à la presse périodique la discussion du principe du gouvernement.

Jé sais qu'il existe encore quelques esprits abusés qui rêvent la souveraineté du peuple, et qui placent toute la perfection de l'ordre social dans l'action constante de cette souveraineté, non-seulement sur les magistrats, mais encore sur la constitution elle-même. Toutes ces théories peuvent être fort belles pour une jeunesse ardente et ambitieuse, impatiente de toute condition médiocre, et à laquelle il faut à tout prix du bruit, du pouvoir et de la fortune. Mais la France, la vraie France, la France propriétaire et industrielle est revenue de toutes ces brillantes illusions.

Elle sait que l'esprit républicain n'étant autre chose que l'amour du pouvoir descendu dans les masses, cet esprit tend nécessairement à la disloca-

tion des grands empires, en ce que
l'ambition des masses n'est jamais si
largement satisfaite que là où les états
sont petits et la représentation politique nombreuse.

Elle sait encore que la dislocation
d'un grand empire ne peut s'opérer sans
coûter des torrents de sang et boulever-
ser toutes les fortunes.

Elle sait enfin qu'en présence d'un
système qui place le pouvoir entre les
mains des gens qui n'ont rien, il n'y a
plus de propriété possible, et par conséquent plus de famille, plus d'art, plus
d'industrie.

Et comme elle ne veut ni le démem-
brement de la France, ni le renverse-
ment de tous les droits acquis, ni l'a-
narchie, ni la guerre civile, ni le chaos,
elle a horreur de la république, comme

du fléau le plus épouvantable dont une grande nation puisse être affligée.

Or, une fois la monarchie admise, ne faut-il pas être insensé pour lui refuser les institutions nécessaires à sa stabilité? Toutes choses dans la nature n'ont-elles pas leurs conditions de vie, les gouvernements aussi bien que les individus, aussi bien que ces mille machines créées par le génie de l'homme?

La première condition de la monarchie, *c'est la légitimité*. Toute monarchie dans laquelle la royauté est soumise à l'élection du peuple, au jugement ou à la révision du peuple, n'est plus une monarchie; c'est un état sans nom, intermédiaire entre la monarchie et la république, et qui n'offre ni l'ordre et la sincérité de l'une, ni l'économie et la simplicité de mœurs qui sont quelquefois l'apanage de l'autre.

Malheur à toute monarchie qui né-
cessite un commentaire! Vous chantez
aujourd'hui dans vos églises *Domine,
salvum fac regem Ludovicum Philippum*. Pourquoi *Ludovicum Philippum?*
Ces mots indicatifs révèlent seuls tous
les orages renfermés dans une monarchie populaire où chaque parti a son roi
et sa légalité à lui.

Dans une monarchie légitime, on
chante seulement *Domine, salvum fac
regem*, sans qu'il soit besoin pour personne qu'on lui dise qui est le roi. Le
roi, c'est le prince appelé au trône par
la loi de l'état et par l'immuable volonté de la France; le prince qui existait d'avance dans saint Louis et dans
Henri IV, et que nos pères ont légué à
leur postérité; c'est le dépositaire in-

contestable de toute la puissance *assignée à la royauté*; c'est le bras de la nation dans la guerre, son œil dans la paix, sa tête dans le conseil; c'est le type et le symbole de tous les droits acquis; c'est la propriété, c'est l'ordre, c'est la loi personnifiée. Le Français veut une patrie qui lui parle, qui lui sourie, qui l'encourage; et cette patrie vivante, qui anime tout de sa voix et de son regard, c'est le roi.

Le roi! ce nom, si doux aux oreilles de nos pères, reprendra pour nous tout son charme; il redeviendra notre espoir, notre amour et notre cri de guerre; il triomphera de toutes les défiances, et nous ralliera tous sous le même drapeau.

Eh! qu'est-ce que l'hérédité établie par la Charte de 1830, si ce n'est *la lé-*

gitimité *espérée*, la légitimité *semée pour nos neveux*, et dont on attend le développement et la maturité de l'intérêt de la France à la transmission héréditaire de la couronne?

La seconde condition de la monarchie, lorsque par la loi de l'état elle se trouve associée à certains pouvoirs politiques, c'est que ces pouvoirs *soient en communautés d'intérêt avec elle*; car s'ils veulent ou peuvent jamais vouloir autre chose que la royauté, il n'y a plus de monarchie.

Là où il y a un roi, le peuple ne peut pas gouverner; et là où le peuple gouverne, il ne peut pas exister de roi. On trouverait plutôt la quadrature du cercle, que le moyen de concilier deux puissances aussi opposées.

Quant à ce qui concerne la liberté

de la presse périodique, ce n'est pas seulement la monarchie qui repousse cette institution ; c'est encore tout mode quelconque de gouvernement, *et la ré- publique plus que tout autre*. Lorsque les républicains placent cette liberté au nombre des droits qui sont *inaltérables*, et en dehors de la puissance législative, ils mentent à leur conscience, ou se laissent bercer par les illusions les plus insensées. Il y a mauvaise foi ou dé- mence à vouloir soumettre un gouver- nement à l'insupportable condition de se voir chaque jour bafoué, avili, et of- fert en holocauste à la fureur du peuple ou aux ambitions effrénées d'une tourbe de pamphlétaires. Il n'est sage, héros, génie, qui voulût du pouvoir à ce prix.

Les ministres de Charles X n'ont donc entrepris autre chose que ce que la

France elle-même juge aujourd'hui nécessaire ; que ce que le ministère de
Louis-Philippe n'hésite pas à mettre en
pratique. Témoins, comme ils l'étaient
chaque jour, des affreux ravages de la
presse et des conséquences déplorables
de la loi des élections, ils faisaient preuve
de sens et de prévoyance en s'efforçant
de circonscrire la presse dans de sages
limites, et de rétablir l'harmonie entre
les colléges électoraux et la royauté.
Pourquoi cette même pensée, applaudie
aujourd'hui par la nation dans les ministres de Louis-Philippe, a-t-elle été si
cruellement punie dans les ministres de
Charles X..? *O vanas hominum men-
tes, o pectora cæca..!*

Charles X et ses ministres voulaient
*sincèrement* la Charte de 1814 ; mais ils
la voulaient entendue dans un sens mo-

narchique, c'est-à-dire avec une loi qui interdît à la presse la discussion du principe du gouvernement, et avec une loi d'élection combinée pour engendrer toujours des chambres royalistes. Héritière de la Charte ainsi développée et ainsi mise en harmonie dans toutes ses parties, la France serait parvenue au plus haut degré de gloire et de prospérité qu'un peuple puisse espérer sur la terre. Le roi *eût gouverné*, parce qu'il est de l'essence de la monarchie que le roi gouverne; mais ses ministres, *choisis par lui*, et libres d'accepter ou de répudier son système politique, eussent été responsables des conséquences de ce système. Sans doute aussi il y aurait eu des grands et des petits, comme il y a des riches et des pauvres; mais les routes du pouvoir et des dignités auraient été ouvertes à tout le monde comme le sont celles de la fortune. Qu'on supprime les titres et les dignités héréditaires, il n'y en aura pas plus d'égalité pour cela. Dans aucune république, les fils d'un Annibal et d'un Scipion ne seront les égaux de leurs égaux.

La France, depuis quarante ans, marche au milieu du doute et de l'obscurité. Elle veut et ne veut pas, elle s'abstient et se consume à allier les éléments les plus opposés. De graves législateurs disent aux jurés : Vous ne saurez pas ce que vous saurez ; vous oublierez le lendemain ce que vous aurez appris la veille : *C'est là votre premier devoir.* Ils leur disent encore : *La loi vous demande votre intime conviction ;* et c'est à qui plaidera chaque jour aux jurés qu'ils sont investis d'une omnipotence absolue qui leur permet de décider en maîtres du sort des accu-

sés, quelque avérés que soient les cri-
mes qui leur sont imputés. Dans la
sphère politique ce n'est pas un moin-
dre désordre. D'une part, on voit des
royalistes s'épuiser en combinaisons insensées pour réédifier le trône sur des
institutions républicaines; et de l'autre, des républicains créer un roi héréditaire pour leur préparer les voies à la
république. D'autres jurent de leur
respect pour la propriété, et s'efforcent
de placer le pouvoir entre les mains
des prolétaires; et lorsque, par l'effet
de la lutte inévitable de tous ces éléments contraires, l'anarchie la plus
profonde s'empare de toutes les parties
du gouvernement; lorsque roi, chambres, tribunaux, se trouvent paralysés
les uns par les autres dans l'exercice légal de leur autorité, on entend crier
de toutes parts à la trahison, au par-

jure, à la corruption : comme si, d'un amalgame si bizarre, il pouvait sortir autre chose que des monstruosités, et comme s'il n'était pas évident que des jurés placés entre l'iniquité et le par- jure, n'hésiteraient pas un instant à tra- hir leurs serments ; que des Chambres démocratiques n'auraient d'autre pensée que de faire faire chaque année un pas de plus à la république sur le domaine de la royauté ; et que, de même, un roi héréditaire ne négligerait aucune occa- sion de renverser les institutions élevées en haine de la monarchie.

Personne, je crois, ne contestera les talents imminents des rédacteurs de nos codes et de nos mille constitutions. Pourquoi cependant aucune œuvre du- rable n'est-elle sortie de leurs mains ? C'est qu'ils n'ont jamais voulu voir les hommes tels qu'ils sont, vains, en-

vieux, cupides; et qu'au lieu de faire
servir leurs passions au maintien de
l'ordre établi, toujours; au contraire,
ils ont mis leurs intérêts en opposition
avec leurs devoirs. Ce n'est pas tout
de dire à un juré : Faites de la justice;
et à un électeur : Faites de la royauté;
encore faut-il que la justice que l'on
demande à l'un ne lui paraisse point
une iniquité, et que la royauté que l'on
demande à l'autre ne trouve d'opposition, ni dans son intérêt, ni dans ses
affections.

En résumé, la royauté était incompatible avec la loi des élections, telle
qu'elle était sortie des mains des doctri-
naires de 1817.

Elle était incompatible avec une
presse périodique discutant et contes-
tant chaque jour le principe du gouvernement.

Or, la loi des élections ne pouvait être changée avec le concours d'aucune Chambre émanée du système établi par cette loi.

La loi de la presse ne pouvait être modifiée non plus par des Chambres qui voulaient substituer la branche cadette à la branche aînée.

Donc ces deux lois ne pouvaient être revisées que par la royauté.

En second lieu, la royauté, en vertu de l'article 14 de la Charte, avait le droit de faire les ordonnances nécessaires à la sûreté de l'état.

Or, rien ne pouvait compromettre plus gravement la sûreté de l'état, qu'un corps électoral en hostilité *nécessaire* contre la Charte et la royauté, et qui venait de donner au roi la preuve la plus éclatante et la plus injurieuse de son mauvais vouloir, par la réélection des 221.

Donc encore la royauté se trouvait dans le cas prévu par l'article 14, et ne faisait qu'user de son droit, en arrachant aux électeurs un pouvoir qu'ils avaient reçu pour l'éclairer et la défendre, et dont ils se servaient pour la tromper et la détruire.

Je ne sais aucune réponse à faire à ces arguments, de la part des vainqueurs de juillet, si ce n'est celle-ci : *Nous sommes les plus forts ; et partant, il n'existe d'autre vérité que ce que nous disons, ni d'autre justice que ce que nous voulons.* Telle est, en effet, la réponse que la France a adressée aux ministres le 25 décembre 1830 ; n'en at-elle pas d'autre à leur faire aujourd'hui?

FIN.